Johannes Hickel

Sanfter Schrecken

Johannes Hickel

Sanfter Schrecken

Blätter aus dem pädagogischen Alltag

Quelle & Meyer

CIP-Kurztitelaufnahme der Deutschen Bibliothek

Hickel, Johannes:
Sanfter Schrecken: Blätter aus d. pädag. Alltag/
Johannes Hickel. – Heidelberg: Quelle und
Meyer, 1980.
ISBN 3-494-01028-5

Printed in Germany.
Satz und Druck: Schwetzinger Verlagsdruckerei GmbH.

Für Ronald und Paul

Moderne, vorbildliche Lehranstalt in schulfreundlicher Umgebung

Klassenraum

Schon als (schlechter) Schüler verbreitete ich im Kreis meiner Mitschüler bösartige Zeichnungen über, besser gegen den Schulbetrieb. Manche Blätter waren auch für die Hand meiner Lehrer bestimmt. Denn wie sonst hätte ich in der Schule überleben können? Nun bin ich selbst Lehrer geworden. Ich verstehe mein Buch als den Versuch, mein Lehrerdasein zu rechtfertigen.

Der Schulalltag ist ein Spektakel – ein Marionettentheater, bei dem die Fäden zwar nach Plan und eingeübtem Ritual gezogen werden. Oft aber zappeln die Lehrer an den unsichtbaren Schnüren. Und was als Tragödie beginnt, wird blitzschnell zur Posse. Intendanten stehen einsam auf der Bühne und suchen ihr Ensemble. Statisten übernehmen Starrollen. Die Jungen sehen alt aus, und alte Lehrer wollen jung sein. Jeder pflegt in jeden hinein und an jedem vorbei zu reden – kurz gesagt, ein Riesenspektakel, bei dem nie genau feststeht, wo die Bühne, wo der Zuschauerraum ist.

Mein Buch ist allen gewidmet, die, wie ich, das eigenartige Gefühl nie loswerden können, von der Schule für immer gezeichnet zu sein.

SCHÜLER

Strebsamer Schüler

Schwerfälliger Schüler

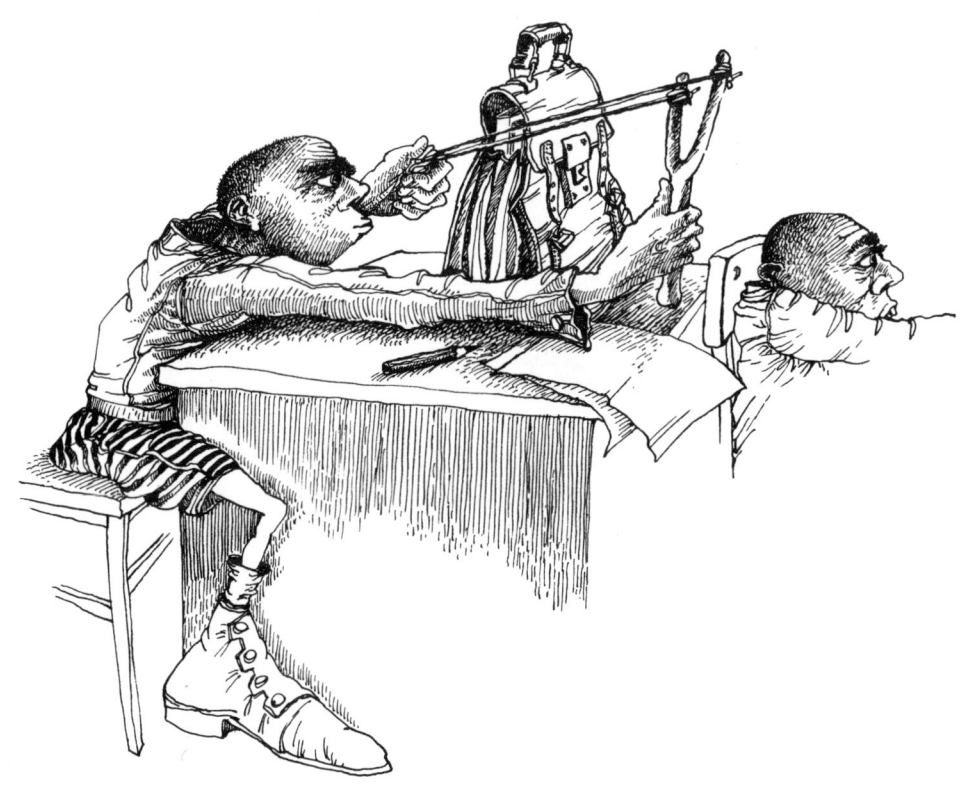

Hinterlistiger Typ

Reiferer Typ

Ausgeprägte Schülerpersönlichkeit

Der ordentliche Schüler

Schulweg

Mitarbeit

Aufmunterung eines Mathematiklehrers,
der an einem mathematischen Problem zu scheitern droht

Hausaufgaben

Die bösen Schulträumereien des Carl Alphonse Sedlaček

Der träumende Sedlaček

1. Traum
Unser sinnliches Fräulein

2. Traum
Mitten in der Stunde wird unser Mathematikprofessor von der Polizei verhaftet.
Er ist der langgesuchte 6fache Frauenmörder. Der Direktor gibt schulfrei.

3. Traum
Die gerechte Strafe

4. Traum
Das Ende der Darstellenden Geometrie

5. Traum
Hexenzauber

6. Traum
Lügen haben kurze Beine

7. Traum
Der Lehrkörperbaum – oder: Die Früchte der Revolution

PÄDAGOGEN

Lästiger Typ

Größenwahnsinniger Typ

Gefährlicher Typ

Gottähnlicher Typ

Oberbayerischer Typ

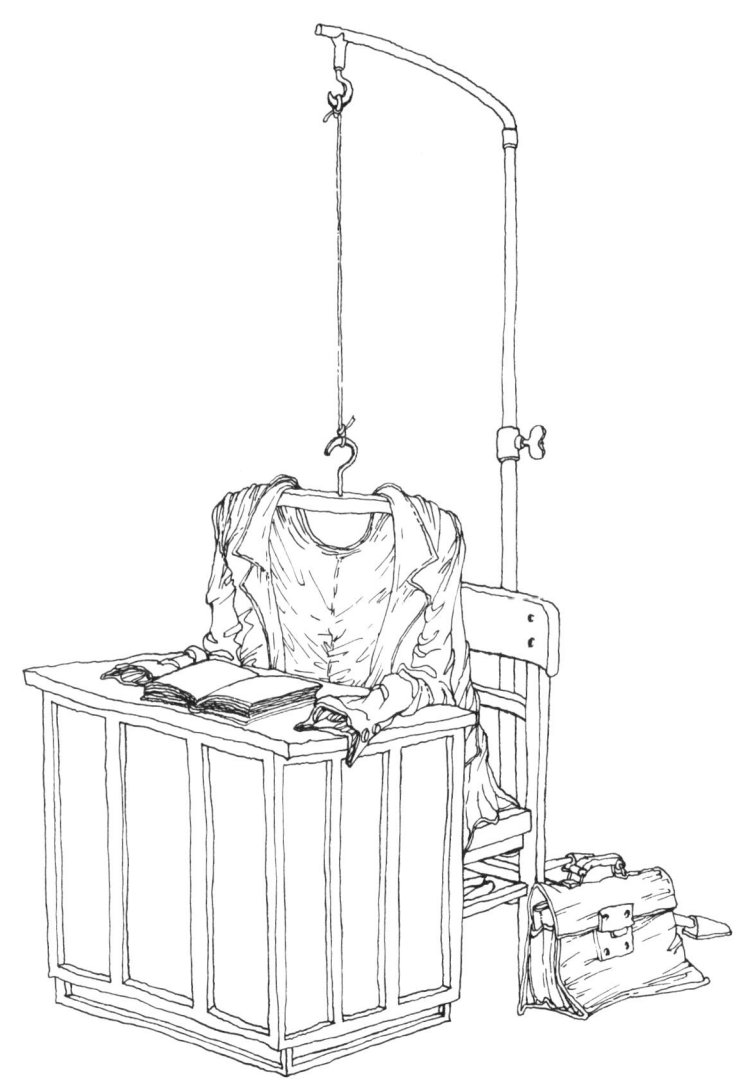

Formloser Typ

Kopfloser Typ

Mütterlicher Typ

Aufgeriebener Typ

Brutaler Typ

Angestochener Typ

Introvertierter Typ

Progressiv keifender Typ

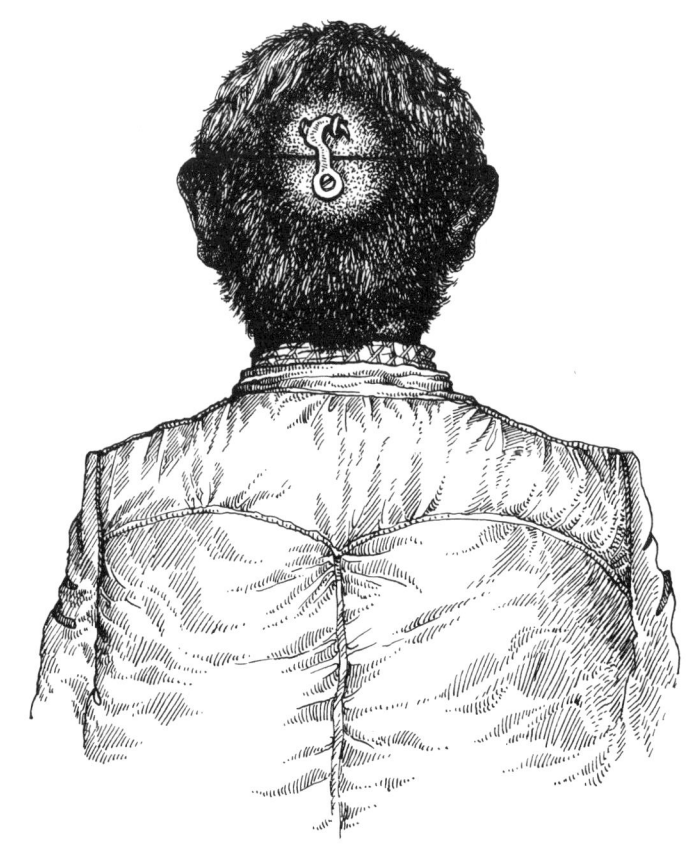

Überprüfter Pädagoge

Depressiver Typ

DIREKTOREN
UND ANDERE VORGESETZTE

Abordnung von Lehrern – bei der Überreichung einer Bittschrift

Direktor, erfahren in den Bräuchen diverser Kopfjägerstämme,
umgeben von seinen Lieblingsschülern

Schulinspektor und Stellvertreter – dienstlich unterwegs

Schulleiter – auf der Suche
nach Teilen seines Lehrkörpers

Beamte des Landesschulrats bei der
Beobachtung verdächtiger Junglehrer

LEHREN UND LERNEN I
(Traditionelle Unterrichtsmethoden)

Erfahrener Pädagoge – uneinsichtigen Schüler belehrend

Sanfter Schrecken

Jungpädagogin – in der Lage, jede
Disziplinlosigkeit erfolgreich zu unterbinden

Bitten 1

Bitten 2

Lehrperson – versteinerte Schüler verzweifelt zur Einsicht ermahnend

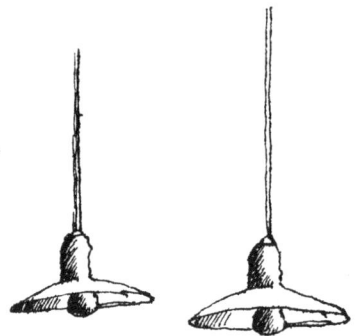

Zeichenpädagoge (sowie Kunstmaler) – interessierte Schüle

die Geheimnisse seiner Kunst einführend

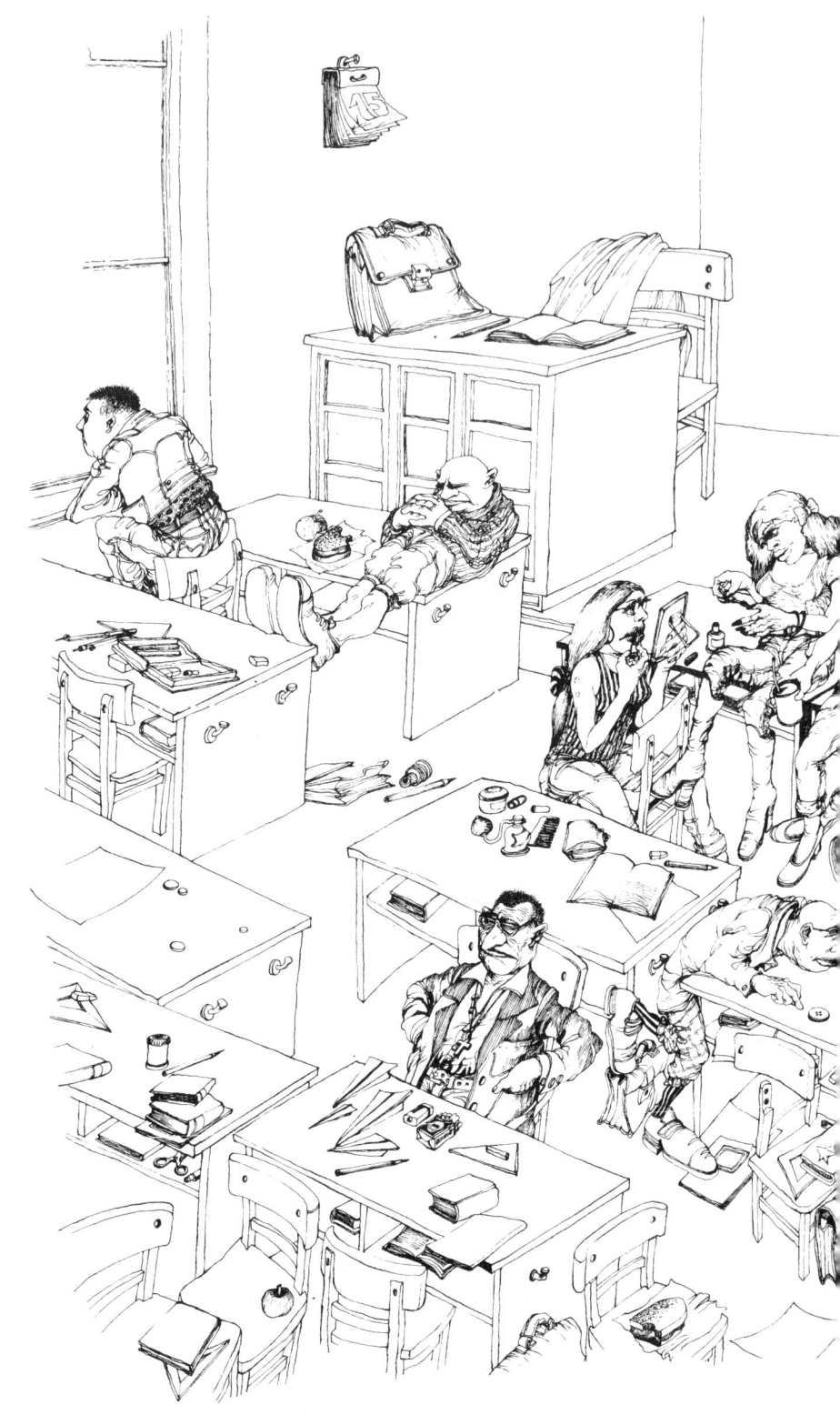

Mathematiklehrer –
im Begriff, ein schwieriges
Problem zu lösen

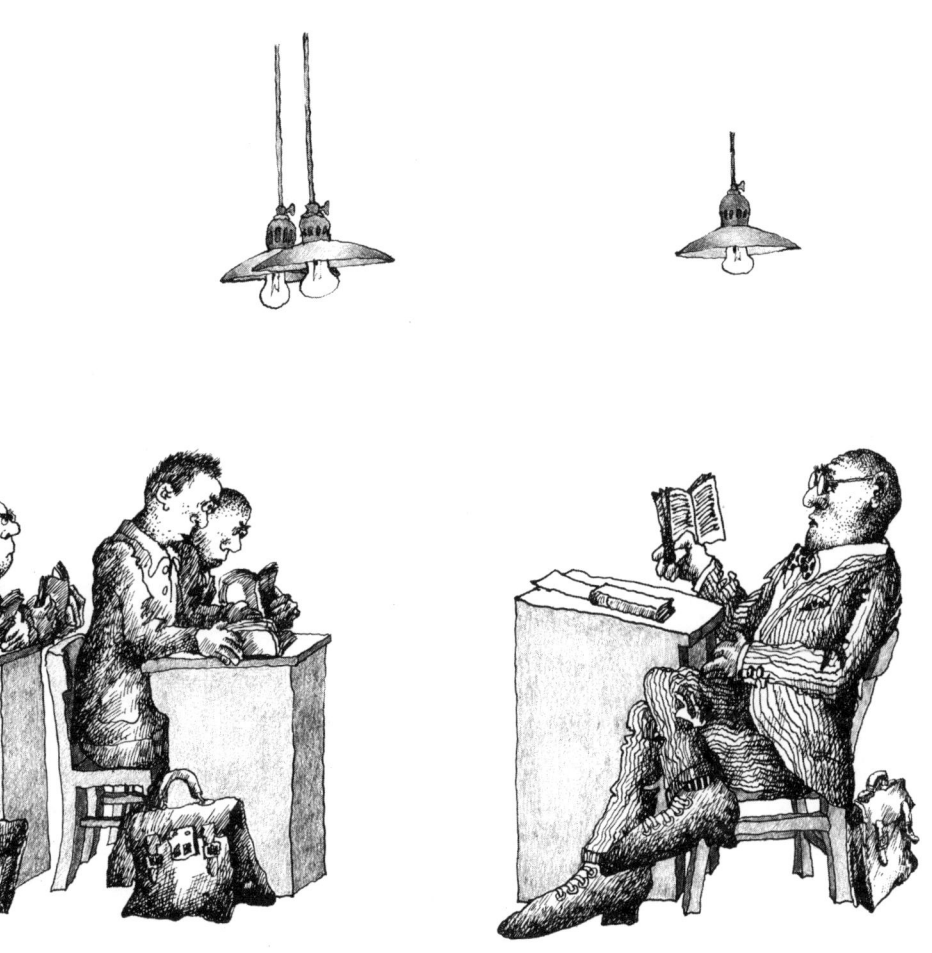

Das Phänomen des fallenden Bildungsniveaus in der Klasse

Ein Pädagoge berichtet vom Krieg

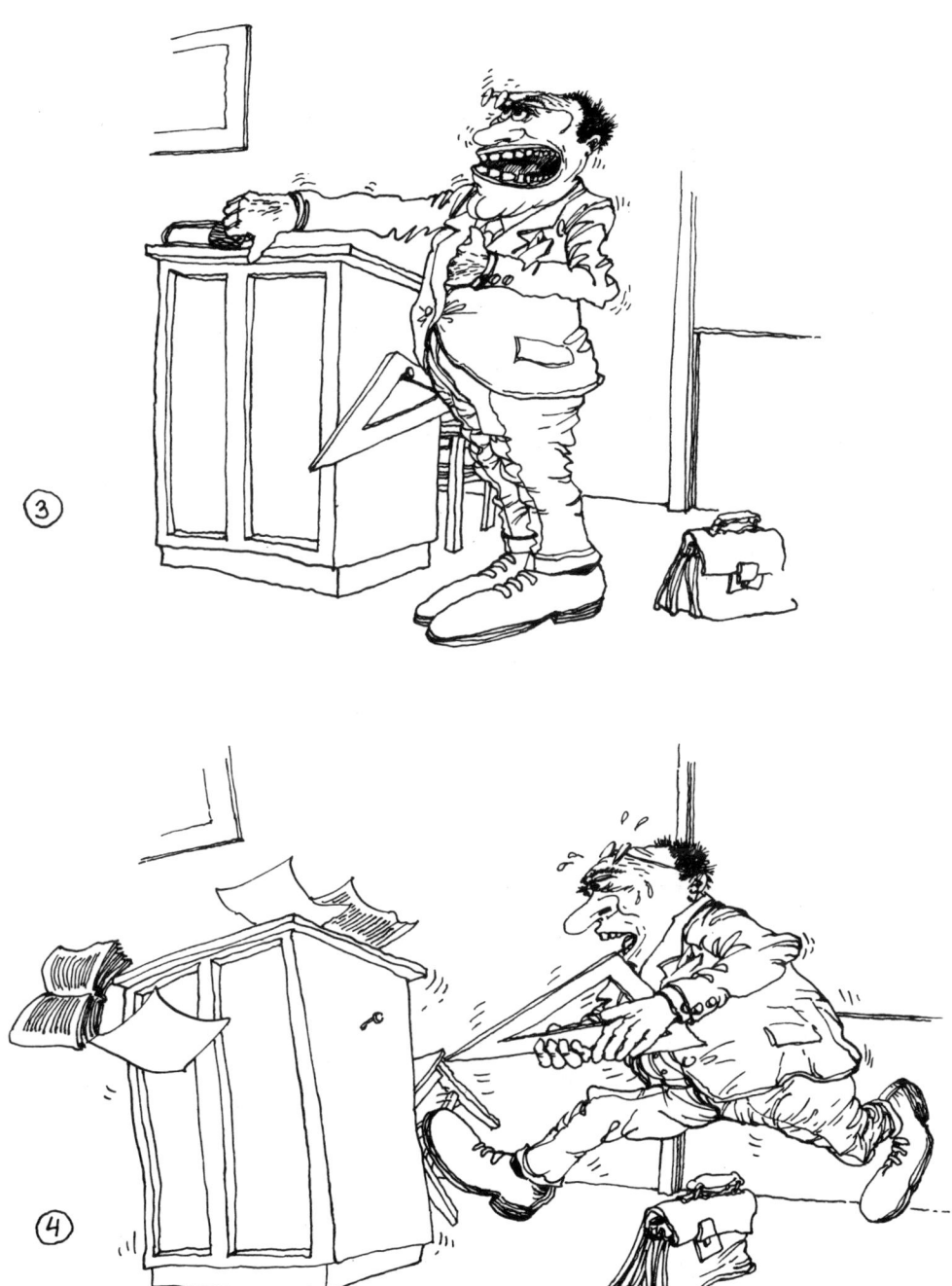

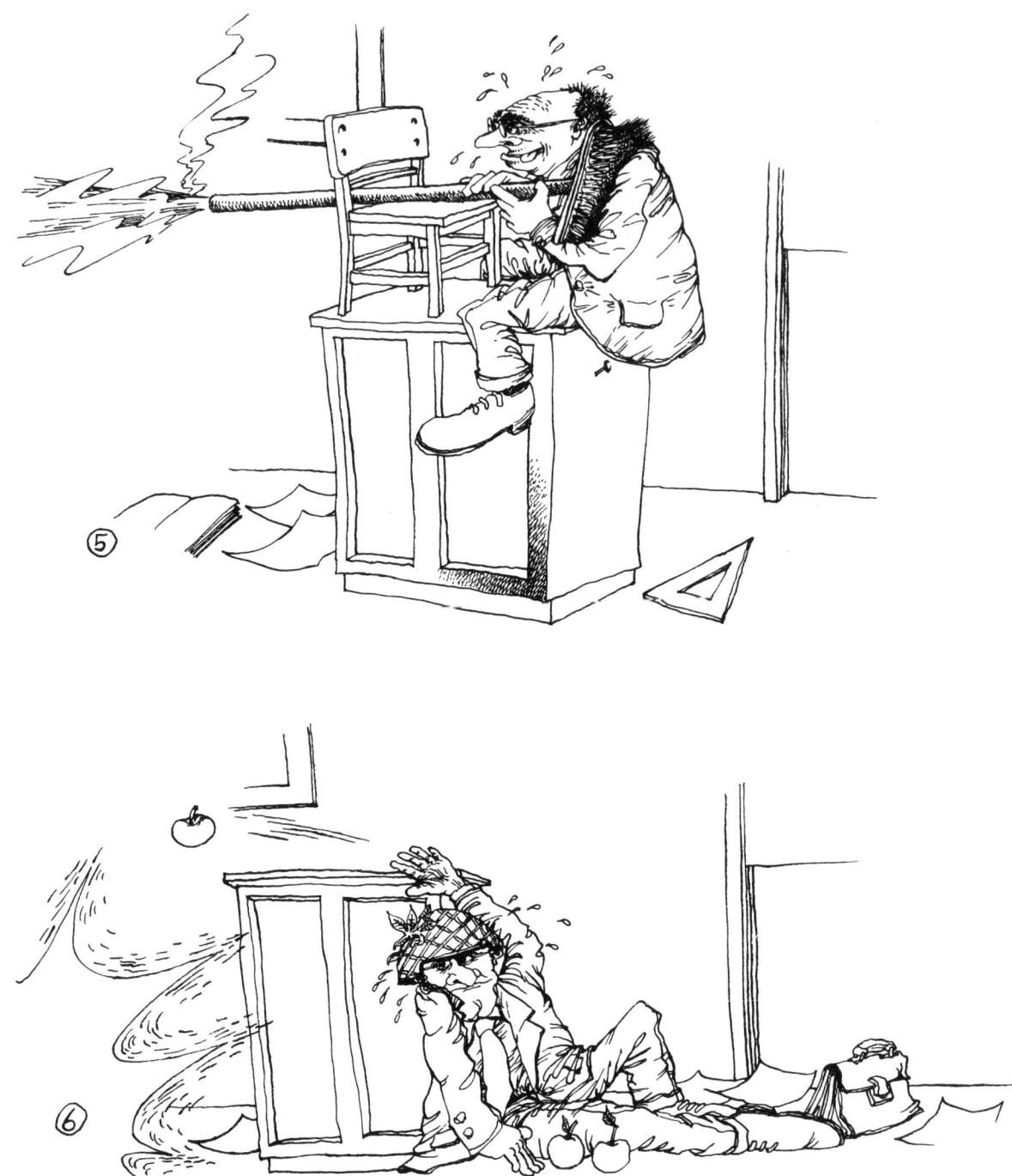

ENDE

Konventioneller Aufbau einer Unterrichtsstunde

Ohne Worte

ÜBERSPITZTES

Fliehende Junglehrerin

Junglehrer, zum äußersten Mittel greifend,
Disziplin und Ruhe in einer lebhaften Klasse aufrecht zu erhalten

Wunschtraum

Der Raucher im Lehrerzimmer

①

②

⑤

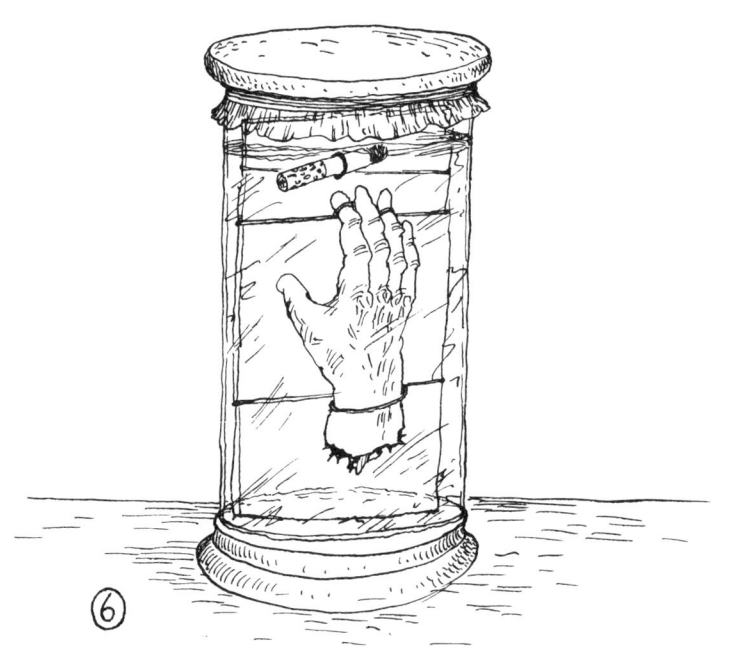

⑥

ENDE

Kämpfende Handarbeitslehrerinnen

Alptraum einer verängstigten Jungpädagogin

Erstürmter Pädagoge

Schule des Lebens

LEHREN UND LERNEN II
(Progressive Unterrichtsmethoden)

Aufklärung

Medienerziehung

Chemische Übungen

Altpädagoge, beim zaghaften Versuch, jüngerer Schülerin sein Herz zu offenbaren

Eifrige Schülerin – dem von ihr sehr verehrten Naturgeschichtspädagogen
ein selbstgefangenes, äußerst seltenes Insekt zeigend

Der Werkunterricht – Herausforderung zur kreativen Gruppenarbeit

Aus dem Tagebuch eines
jungen Religionspädagogen

Jungpädagogin – schlimmen Schüler hypnotisierend

12.40 – 13.30 Uhr (Staatsbürgerkunde)

LEISTUNGSÜBERPRÜFUNG

Mündliche Prüfung

1

2

3

4

5

Ende

Vor dem Sturm

Schriftliche Prüfung

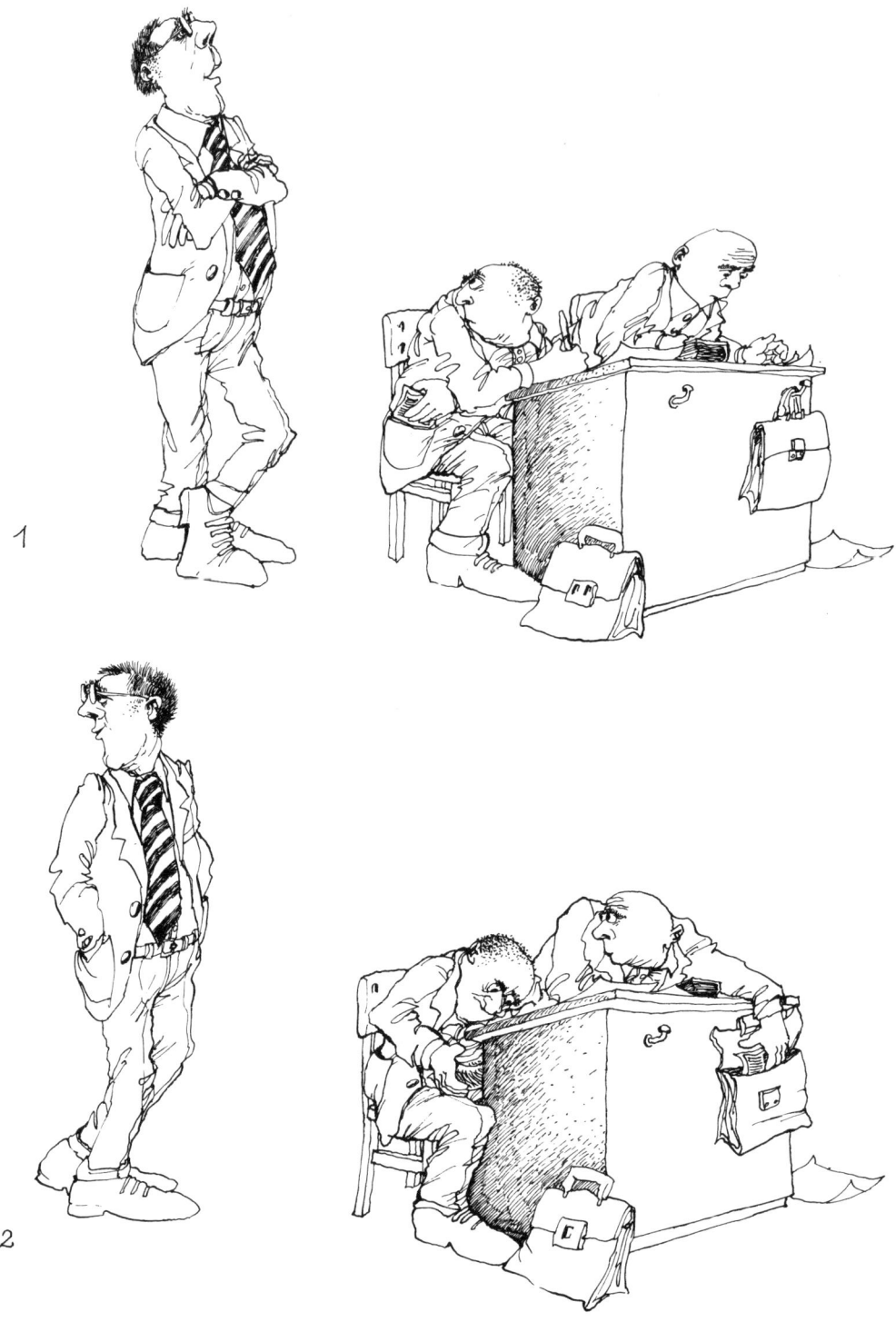

3

Ende

Alptraum eines unvorbereiteten und daher
auf Menschlichkeit hoffenden Abiturienten

Meisterschwindler, von seinen Lehrern beobachtet

Abgabe der schriftlichen Arbeiten

LEIBESERZIEHUNG

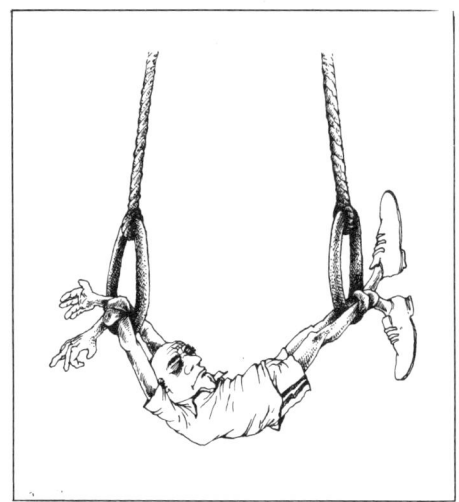

Turnpädagoge – bei der Demonstration einer schwierigen Übung

Die Turnstunde

Turnpädagoge – zaghaften Schüler zu großer Leistung ermunternd

Hilfestellung beim Hochsprung

Sportpädagoge, Schüler beim Kugelstoßen etwas überfordernd

Verklemmter Schüler – zur Disziplin aufgerufen

Unbeholfen hammerwerfender Schüler – jedoch infolge günstiger Flugbahn in der Lage,
die Aufmerksamkeit einer ganzen Mädchenklasse auf sich zu lenken

Dem Sport entronnen

10-Meter-Brett

Unglücklich verliebter Schüler

Beginn der Turnstunde

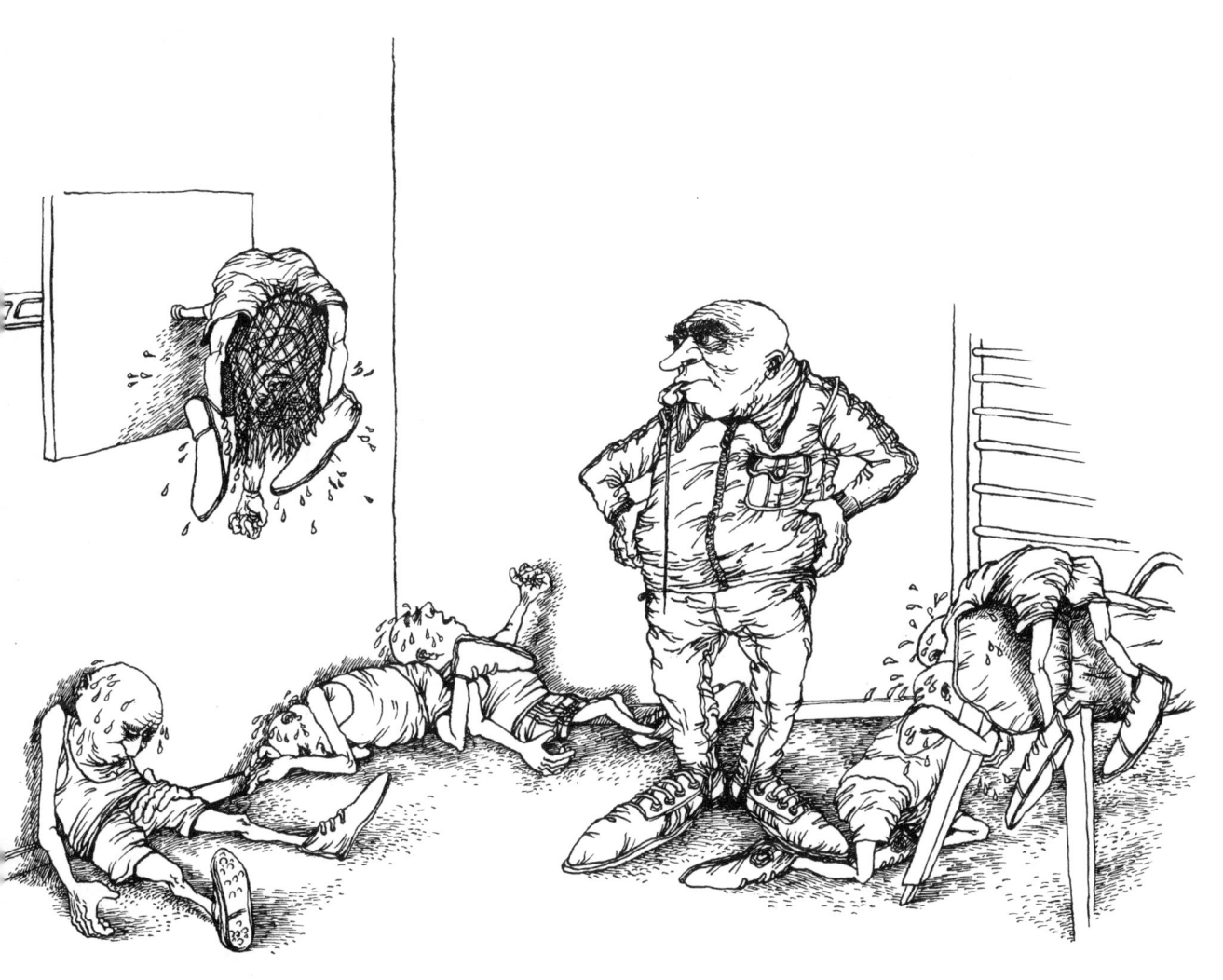

Ende der Turnstunde

Vergessener Schüler

UNSERE SCHULE

Kunsterzieher stellt seine Gemälde aus

Schülergruppe und Deutschlehrer führen gemeinsam erarbeitetes Drama auf

Musiklehrer, gelungene Aufführung eines Schulorchesters leitend

Exkursion: Besuch der
prähistorischen Abteilung

Wandertag

Ende des Wandertags

Das Lehrer-Schüler-Fußballspiel

Klassenfoto mit Lehrkörper

Wir danken für folgende Leihgaben:

Seite 66/67: Dipl. Ing. Peter Tischler, Hall in Tirol
Seite 92: Professor Paul Flora, Innsbruck
Seite 108/109: Sebastian Pfaundler, Innsbruck
Seite 114/115: Dr. Jörg Brugger, Innsbruck
Seite 118: Architekt Heinz Planatscher, Innsbruck
Seite 119: Galerie Bloch, Innsbruck

Marie Marcks: Krümm dich beizeiten!
3. Auflage, 11.– 14. Tausend, 160 Seiten, DM 16,80

»Mit beißender Schärfe greift Marie Marcks in ihren Karikaturen alle jene Leute und Umstände an, die unsere Kinder daran hindern, den aufrechten Gang zu erlernen. ›Krümm dich beizeiten!‹ ist ein witziges Buch gegen Borniertheit, Intoleranz und Gedankenlosigkeit in der Erziehung, besonders in der Schule. Marie Marcks entlarvt das scheinheilige Gerede von der Chancengleichheit und der Emanzipation, sie geißelt die Inhumanität einer normorientierten Leistungsschule und die dienernde oder resignative Einpassung in das Unvermeidliche. Ein Buch, das einem das Herz warm macht: warm vor Zorn über das, was unseren Kindern Tag für Tag angetan wird.« (Hans J. Schmidt in: Die Grundschule)

»Die Mischung von Bild und Text macht das Buch nicht nur betrachtens-, sondern auch lesenswert. In dieser Kombination wird deutlich, daß die Zeichnerin Marie Marcks nicht nur illustrieren und ironisieren, sondern argumentieren und kämpfen will – für eine bessere Schule.« (Entwurf)

»Dieses Buch hat uns gefehlt. Es handelt davon, wie man aus Kindern Schüler, aus Lehrern Sozialisationsagenten und aus Eltern Handlanger des Bildungssystems macht. Besonders eindringlich wirken die Karikaturen deshalb, weil sie Zitate, Zeitungsausschnitte, Werbeanzeigen usw. aufgreifen und kritisch kommentieren. Hier zeigt sich: Satire und Realität sind manchmal kaum noch voneinander abzuheben.« (Vereinigte Jugendschriften-Ausschüsse in der GEW Nordrhein-Westfalen)

»Hier ist mehr Wesentliches über Erziehung hier und heute gesagt, als Akademiker auf ihre Art in vielen dickleibigen Bänden zusammentragen können. Die linken Kritiker von Erziehungswissenschaft, Schule und Bildungssystem machen immer nur ein ernstes und bedeutungsvolles Gesicht. Sie könnten von Marie Marcks lernen.« (Horst Speichert in: päd. extra)

Quelle & Meyer · Heidelberg

Bücher für kritische Leser

Marie Marcks
Vatermutterkind

2. Auflage, 6.–10. Tausend, 110 Seiten, 14,80 DM.
»Ohne zu schulmeistern, wird uns Erwachsenen
Pädagogik-Unterricht erteilt... Ich habe dieses
Buch in einem Zuge durchgelesen und durchge-
schaut, habe unsere Familie dabei oft wiederer-
kannt, habe gelernt und im stillen Besserung ge-
lobt.« (Hans Hielscher in: Sozialpädagogische
Blätter)

Michael Löw
Was den Menschen zum Lehrer macht

Aufzeichnungen des Stud. Ref. Leo Nips. 174 Seiten, 19,80 DM. »Noch nie sind die Erfahrungen
einer Referendarzeit so plastisch geschildert
worden. Ein köstlich treffendes Buch für alle
Betroffenen, ein notwendiges für alle Außenstehen-
den.« (Buchanzeiger)

Fritz Wandel
Macht die Schule krank?
Probleme einer Sozialpathologie
der Schule

221 Seiten, 28,– DM. Der Autor beläßt es
nicht bei der Diagnose der Schulangst. Er zeigt, was
Eltern und Lehrer tun können, um Angst vor der
Schule und Aggressionen in der Schule abzubauen.

Josef Fellsches
Disziplin, Konflikt und Gewalt
in der Schule

Systematische Analyse und schulpraktische Folge-
rungen. 107 Seiten, 15,80 DM. Eine systematische
Analyse, die deutlich macht, wie die Schule disziplinäre Konflikte produziert und wie Lehrer das Kon-
fliktpotential ungewollt erhöhen. Fellsches ver-
mittelt vielfältige Vorschläge, wie disziplinäre Konflikte in der Schule überwunden werden können.

Neißer/Mezger/Verdin
Jugend in Trance?

Diskotheken in Deutschland. 128 Seiten, 12,– DM.
»Die erste, nicht in Glamour und High-Life-Attitü-
den verfallende, sozio-kulturelle Beschreibung des
weltweit Aufsehen erregenden Phänomens ›Disko-
thek‹.« (Buchanzeiger)

Peter Schulz-Hageleit
Jugend, Glück, Gesellschaft

219 Seiten, 26,– DM. Es geht um die Frage: Was ist
Glück? Was bietet unsere Gesellschaft dem jungen
Menschen, damit er »sein Glück« in der Gesellschaft
finden kann.

Quelle & Meyer · Heidelberg